PETIT ÉCRIT

SUR UNE

GRANDE QUESTION.

PETIT ÉCRIT

SUR UNE

GRANDE QUESTION:

L'AMÉLIORATION DU SORT

DE LA

CLASSE OUVRIÈRE,

Par M. Aimé Berthe Pommery,

Maire de la commune de Cus, canton de Noyon (Oise).

Esurientes implevit bonis, et divites **non** *dimisit inanes.*

Sans appauvrir le riche, il enrichit le pauvre.

(Trad. de l'auteur.)

NOYON.

IMPRIMERIE DE COTTU-HARLAY.

RUE DU NORD, 6, PRÈS LA CATHÉDRALE.

1848

Au grand Citoyen

LOUIS BLANC,

HOMMAGE

D'ADMIRATION, DE RESPECT,

DE DÉVOUEMENT, DE CONFRATERNITE.

Aîné· Berthe Pommery.

Liberté! Égalité! Fraternité!

Esurientes implevit bonis, et divites
non *dimisit inanes.*

Sans appauvrir le riche , il enrichit le pauvre.
(Trad. de l'auteur.)

Deux questions importantes, deux questions vitales, deux questions de la solution desquelles dépend peut-être tout notre avenir, préoccupent en ce moment tous les esprits.

« Quelle sera la forme de notre gouvernement?

« Par quels moyens pourra-t-on parvenir à organiser le « travail, et à améliorer le sort de la classe ouvrière? »

La première de ces questions est résolue : nous aurons la république, c'est une nécessité, c'est une condition imposée à notre état moral et matériel.

La seconde, l'amélioration de la classe ouvrière par l'organisation du travail, se complique d'intérêts tellement opposés, tellement incompatibles, que l'on pourrait craindre que, malgré son zèle, son dévouement, son immense talent, le grand homme, l'honorable citoyen auquel est confiée la mission de la résoudre, ne pourra jamais parvenir à satisfaire à la fois les intérêts de l'ouvrier en opposition avec les intérêts du chef d'entreprise, le manufacturier; les intérêts de l'ouvrier et du manufacturier en opposition avec les intérêts des consommateurs; enfin les intérêts des uns et des autres en opposition sur une infinité d'objets avec les intérêts de l'État, qui sont les intérêts nationaux.

Examinons d'abord quelle est la cause du mal qui se fait sentir aujourd'hui, nous passerons ensuite aux moyens que nous jugerons propres à y porter remède.

De quoi se compose la richesse d'un pays?

Des valeurs qui sont échangeables.

Comment s'obtiennent les valeurs échangeables?

1° Par l'industrie agricole, qui nous procure la plupart des produits naturels, première source des richesses;

2° Par l'industrie manufacturière et par l'industrie commerciale, qui ajoutent à la valeur des produits naturels.

Le jour où il a été reconnu que les valeurs échangeables faisaient la richesse d'un pays, tous les bras, toutes les intelligences se sont efforcés de produire, et cependant on aurait dû comprendre qu'un objet échangeable n'a de valeur réelle que le jour où il peut être échangé; que, dans le cas contraire, il est nuisible loin d'être utile, puisqu'il représente, jusqu'à ce qu'il soit consommé, un capital improductif; que la production enfin doit être en rapport avec la consommation, condition sans laquelle il y aura nécessairement plénitude, exubérance, encombrement.

Causes et conséquences de l'encombrement.

Dans les temps de confiance, de prospérité, lorsque les denrées de première nécessité sont à un prix peu élevé, l'ouvrier fait des économies, et il emploie à l'acquisition d'objets de seconde nécessité, et même de luxe, les épargnes qu'il a faites, et la production est alors usée par la consommation.

Dans les temps de disette comme en 1847, par exemple, l'ouvrier qui gagne à peine de quoi vivre emploie tout ce qu'il peut obtenir de son travail au soutien de son existence. La consommation des objets manufacturés diminue : baisse alors dans le prix de la chose produite ; réduction dans le prix du travail de l'ouvrier dans le moment où il devrait gagner davantage ; efforts de sa part pour se procurer ce qui lui est nécessaire pour exister, conséquemment production plus considérable dans les circonstances où la consommation de la chose produite est moindre. Le prix de la matière brute s'élève, puisqu'on en emploie davantage, tandis que la valeur des objets manufacturés éprouve chaque jour une baisse plus considérable ; alors gêne chez le manufacturier, absence absolue d'argent : les époques auxquelles on doit satisfaire à des obligations approchent, il faut remplir ses engagements, on veut conserver son crédit ; on vend alors, même avec perte, pour réaliser des espèces ; les autres commerçants sont forcés de suivre le cours que les nécessiteux leur imposent, à chaque instant le mal s'étend et s'aggrave de plus en plus ; bientôt les fabricants succombent :

ils se ruinent, ou ils suspendent leurs opérations , et l'ouvrier reste inactif, sans travail et sans pain.

Pourquoi la production excède la consommation.

Les nations rivalisaient jadis entre elles par la guerre, par la destruction , aujourd'hui c'est par l'industrie, et la concurrence internationale est la cause principale d'une production trop abondante. L'Angleterre, qui ne peut se soutenir, supporter ses charges énormes que par le monopole commercial, a été constamment à la recherche des moyens qui peuvent lui assurer la domination, le privilége de la vente sur les marchés étrangers.

Il n'existe, selon nous, que trois moyens pour parvenir à ce but :

1° Exciter les autres nations à se faire la guerre , les détourner des préoccupations , des intérêts industriels, et profiter du moment où elles se déchirent entre elles pour leur imposer ses produits;

2° Produire à un prix moins élevé que les nations rivales, et diriger toutes les intelligences vers la découverte des moyens qui peuvent conduire à ce résultat;

Enfin, la liberté illimitée du commerce , le libre échange, nécessairement favorables au peuple le plus industrieux, le plus avancé dans les différentes branches d'industrie, le plus favorisé par les avantages que l'on doit à la nature.

Beaucoup trop longtemps pour l'humanité, le premier de ces moyens , la guerre, a été employé par nos voisins d'outre-mer, mais les progrès des lumières et de la philosophie se refusent à ce qu'il le soit désormais.

Quant au second, la production à meilleur marché, il

consiste, nous le savons tous, dans l'emploi des machines qui économisent et remplacent les bras des hommes.

Lorsque l'Angleterre la première a mis ces procédés en pratique, elle a réalisé des bénéfices énormes, qui lui ont servi à stipendier l'Europe dans les guerres que nous avons eu à soutenir contre elle : ces procédés propagés, adoptés chez les autres peuples, très-utiles dans les pays où les bras manquent, et ne suffisent pas à toutes les industries, exercent une funeste influence là où la population est surabondante.

Si quatre millions d'ouvriers sont nécessaires, en se servant des moyens ordinaires, pour produire ce que nous devons consommer et exporter, et que les machines remplacent deux millions d'ouvriers, n'est-il pas évident que les deux millions qui excèdent le nombre des ouvriers occupés deviennent alors superflus; qu'ils sont condamnés à une inaction absolue, ou que quatre millions de bras partagent le travail qui pourrait être opéré par deux millions seulement; c'est-à-dire, que quatre millions d'hommes sont condamnés à vivre avec le produit du travail de deux millions, et que nous tirons d'une machine exempte de besoins ce que nous devrions nous procurer par deux millions d'ouvriers consommateurs. Si nous ajoutons au salaire de l'ouvrier, l'entrepreneur d'industrie, le manufacturier, fermera ses ateliers, parce qu'il ne pourra plus réaliser de bénéfices, trouver même l'intérêt de ses capitaux engagés, encore moins soutenir la concurrence étrangère.

Si, d'un autre côté, l'ouvrier n'obtient point un salaire suffisant, il croupira dans la misère, il s'abrutira dans l'ignorance, il se démoralisera, il compromettra la tranquillité et la sécurité de la société.

Conclura-t-on de ce qui précède qu'il faut détruire les

machines? Non, non, mille fois non; le mal deviendrait bien pire encore, car alors les ouvriers resteraient entièrement inoccupés, l'étranger nous dominerait, nous serions industriellement vaincus............ **VAINCUS !**............ Toute défaite serait un déshonneur, une honte nationale, et plutôt mourir, mourir cent fois, que de nous laisser battre ou par les armes ou par l'industrie!

Eh bien donc, que faut-il faire?

Il faut, sans plus attendre, attirer les bras vers les exploitations agricoles.....

Il faut d'abord, comme première mesure, douloureuse à exécuter, mais nécessitée par des circonstances impérieuses, engager *instamment* les ouvriers étrangers à rentrer dans leur pays natal, et ils ne pourront pas se plaindre de cette proscription, puisqu'ils trouveront chez eux plus de terres à cultiver qu'il n'en existe chez nous.

Il faut ensuite, non par violence, mais au nom de la charité, mais au nom de la fraternité qui doivent être dans tous les cœurs, faire un appel à la fortune.

Que nul ne s'effraye, grand Dieu! mais que tous ne me jugent que lorsqu'ils m'auront entendu!

Riches, heureux du siècle, soyez attentifs: **soyez surtout,** et restez toujours sans inquiétude et sans crainte.

Divites **non** *dimisit inanes.*

Vous, travailleurs, mes amis, **mes** frères, écoutez ma voix, et ayez foi dans ces prophétiques paroles:

Esurientes implevit bonis.....

Point de liberté sans la justice, point de fraternité sans la charité, point de victoire utile et glorieuse sans la générosité !!!

Si nous employons les machines qui économisent les bras des hommes, nous diminuerons le prix des objets manufacturés, et c'est surtout aux grands consommateurs que nous nous rendrons utiles.

Quels sont les plus grands consommateurs?

Ceux qui ont du superflu.....

Si nous détruisons les machines, les produits manufacturés acquerront nécessairement une valeur plus élevée, et nous frapperons les consommateurs d'un véritable impôt forcé dont les riches surtout auront à supporter le poids.

Conservons les machines; mais, je le répète, pour échapper aux conséquences funestes d'une production qui dépasserait la consommation, appelons des bras vers l'agriculture; il en résultera un triple avantage :

La production des objets manufacturés sera moindre, et dès lors plus d'encombrement à redouter;

Diminution dans le prix habituel des denrées de première nécessité, puisque les bienfaits inépuisables de la terre, notre mère commune, s'étendront chaque jour de plus en plus;

Les indigents éprouveront moins de difficultés pour vivre, et pourront devenir eux-mêmes consommateurs des différents produits industriels.

MOYENS ET EXÉCUTION.

Que tous les propriétaires, que tous les capitalistes possédant du superflu, et par conséquent plus intéressés que les autres à la conservation des machines, à la diminution du prix des objets produits , soient invités, encouragés, moins par la persuasion que par la force si coactive de l'exemple, à affecter un trentième de leurs revenus à la création d'un fonds commun, dans lequel chacun aura un droit proportionné à la somme qu'il aura versée.

Ce fonds commun sera employé à l'acquisition de terrains qui sont actuellement incultes, ou de ceux dont on pourrait tirer une plus grande valeur par une culture plus éclairée ou beaucoup mieux appropriée.

Les ouvriers appelés à la mise en culture de ces terrains seront dirigés par des sous-officiers et des soldats du Génie militaire.

Les capitaux engagés ne pourront pas rapporter au delà de trois pour cent par an.

L'excédant de ces trois pour cent appartiendra aux travailleurs, mais l'administration en déterminera l'emploi.

Les enfants des capitalistes actionnaires pourront seuls succéder à leurs pères et mères ; les collatéraux seront exclus.

On emploiera, pour la nourriture et le logement des ouvriers, le système d'association, la vie en commun.

Une partie du fonds commun pourra servir à l'acquisition de terrains en Algérie.

On procurera aux ouvriers émigrants ce qui leur sera nécessaire pour opérer la première exploitation de ces terrains ; et lorsqu'ils seront mis en culture, ces terrains leur seront loués à raison de quatre pour cent par an du prix d'acquisition.

Sur ce revenu annuel de quatre pour cent il sera prélevé un quart qui sera mis en réserve.

Cette réserve servira à rembourser de leurs avances les bailleurs de fonds, et à mesure qu'ils seront indemnisés, les terres qui deviendront libres seront la propriété des colons exploitants.

Il sera établi, sous le titre d'Impôt de l'Égalité et de la Fraternité, une contribution annuelle de **25** centimes par tête d'individu.

Nul ne sera dispensé de cet impôt, et nul ne pourra payer au delà de sa quote-part.

Cet impôt sera perçu, sans frais, le jour anniversaire de l'installation de la République, et son produit, qui sera d'environ neuf millions de **francs par an (1)**, placé en rentes sur l'État, appartiendra aux indigents valides.

Sera considéré comme indigent valide celui qui, par un travail insuffisant, ne pourra pourvoir à son existence et à celle de sa famille.

Depuis qu'on s'est occupé de la répression de la mendicité, on peut considérer l'existence des indigents invalides comme à peu près assurée.

Il y a dans presque toutes les communes des propriétés qui appartiennent aux infirmes, aux vieillards, à tous les indigents invalides. Ces propriétés, qui rapportent à peine deux à trois pour cent, seront vendues dans les moments où cette vente paraîtra devoir se faire avec le plus d'avantages.

Les fonds provenant de la vente de ces biens seront conver-

---

(1) À l'aide de cet impôt si modique, au taux actuel de la rente cinq pour cent, les indigents valides auraient, dans sept ans, *cinq millions ;* — dans quatorze ans, *dix millions ;* — dans vingt-huit ans, *vingt millions ;* — dans cinquante-six ans, *quarante millions* de revenu annuel.

tis en rentes cinq pour cent sur le Trésor public. Les revenus des pauvres seront alors à peu près triplés, et les impositions locales, en ce moment si pesantes, se trouveront allégées.

Ces moyens sont simples, d'une exécution facile.

Leur adoption deviendra la réalisation des principes de charité, de fraternité, de morale, de politique, sans lesquels une société ne peut espérer ni durée, ni prospérité, ni ordre, ni sécurité.

Quel avenir immense, admirable à contempler, viendra s'ouvrir devant nous !

Ceux qui souffrent se résigneront, puisqu'un jour, qui n'est pas éloigné, leurs souffrances seront calmées : les cœurs de ceux qui souffrent des souffrances des autres renaîtront à l'espérance. Tandis que les uns monteront, les autres s'abaisseront, et sans secousse, sans violence, sans perturbation, nous passerons de l'égalité des droits à un rapprochement des égalités sociales. Quant à l'égalité naturelle, qui conduit à l'inégalité des conditions, nous n'y parviendrons jamais, puisqu'elle provient de l'Auteur des Êtres.

Noyon.—Imprimerie de Cottu-Harlay.

www.ingramcontent.com/pod-product-compliance
Lightning Source LLC
Chambersburg PA
CBHW050815070726
47595CB00015B/3955